AF509834

UN PEINTRE ROUENNAIS.

FRÉDÉRIC LEGRIP,

SA VIE ET SES OUVRAGES,

PAR

Frédéric HENRIET.

(Extrait du Journal le **Nouvelliste de Rouen**, du Lundi 16 Septembre 1872.)

ROUEN

IMPRIMERIE CH.-F. LAPIERRE ET Cᵉ

Rue Saint-Etienne-des-Tonneliers, 1.

1872

FRÉDÉRIC LEGRIP.

Il y aura bientôt un an que les journaux de Rouen ont enregistré la mort d'un artiste estimé, enfant du pays, Frédéric Legrip. Il avait été nommé, quelques mois auparavant, professeur à l'école municipale de dessin de Paris, et c'est au moment où il venait d'obtenir la légitime récompense d'une carrière aussi laborieuse qu'honorable, que la mort l'a ravi, le 2 décembre 1871, à l'affection de sa famille, de ses amis, à l'estime de ses collègues de l'école et à l'attachement de ses élèves. Cette mort inattendue n'a d'abord laissé de place en notre cœur qu'au chagrin; mais ce n'est pas assez de pleurer l'ami, il nous reste un devoir envers sa mémoire, à nous qui avons eu l'avantage de vivre dans son intimité et qui avons été si souvent le confident de ses projets, de ses espérances. C'est de rappeler les débuts, les efforts, les nombreux travaux de ce modeste et intéressant artiste. Mais que parlé-je de devoir! Ce sera pour nous la plus douce des consolations que d'évoquer de chers souvenirs et de retracer, en quelques pages rapides, une carrière si bien remplie.

Né à Rouen, le 5 septembre 1817, sur la paroisse de Saint-Maclou, Frédéric Legrip eut pour premier maître le célèbre archéologue Hyacinthe Langlois qui dirigeait l'école municipale de dessin de cette ville. Lorsque David d'Angers alla inaugurer la belle statue de Corneille si fièrement plantée sur le vieux pont de Rouen, Hyacinthe Langlois lui présenta son jeune et intelligent élève. L'accueil bienveillant que Legrip reçut du sculpteur, l'admiration qu'il éprouvait pour l'illustre artiste qui venait de modeler sous ses yeux le médaillon de son cher professeur, enfin et par-dessus tout, les fatalités de la vocation le déterminèrent à suivre David d'Angers et à entrer dans cet atelier fameux où se régénéra notre jeune école de sculpture, et d'où sortirent aussi plusieurs peintres distingués, MM. Ernest Hébert, Melin, Léon Loire, etc., etc.

Legrip débuta au Salon de 1844 par un petit tableau de genre qui ne resta pas inaperçu. Il représentait un jeune moine enluminant des missels. Depuis 1844, le nom de Legrip figure à tous les livrets, à l'exception du livret de 1847. Aux prises, fort jeune, avec les difficultés de la vie, il se vit obligé d'escompter sans délai les promesses de son pinceau et dut malheureusement, au grand dommage de son avenir, multiplier les productions légères et faciles. Il lava d'agréables aquarelles, crayonna force dessins, apportant du goût jusque dans ces riens charmants, et sans que ces divers travaux émoussassent ses nobles enthousiasmes et ses généreuses inspirations vers l'art élevé. De cette première période de sa vie, nous citerons un portrait de femme justement remarqué au Salon de 1849 et une *Vue prise à Chantemels* (Vexin normand), où le peintre révèle un bon sentiment de paysagiste. Cette toile, exposée en 1853, est placée au musée de Besançon. Le journal l'*Artiste* en a publié une reproduction lithographiée par l'auteur.

C'est au Salon de 1857 que Legrip, sans abandonner le paysage, a pris possession du genre auquel le portaient ses goûts et ses études. *La Mort de Malfilâtre* signala cette phase nouvelle. On sait les derniers moments de l'imprévoyant écrivain. La charité d'une pauvre femme avait donné un grabat au poëte dénué de tout. D'Alembert et Fréron apportent de l'or pour soulager cette détresse ; mais il est trop tard..... Malfilâtre n'est plus ! Il y a là une pensée amère, — paraphrase éloquente d'une fable de Lachambeaudie « La fleur et le nuage » — mais exprimée, sans violence déclamatoire, avec une grave et poignante simplicité.

Il se rattache à cet ouvrage une particularité qu'on nous permettra de consigner ici. A l'époque où Legrip conçut l'idée de ce tableau, un pauvre hère de poète, nommé Cressot, traînait dans les bas-fonds de la bohême sa longue personne diaphane et décharnée. On eût dit, à le voir, qu'il vivait de la fumée de sa pipe... Legrip le rencontra dans quelques ateliers. Frappé d'admiration pour ce bel *écorché*, il pria le pauvre diable de poser pour la figure de Malfilâtre. Cressot, en poète prédestiné au sort du chantre des Palinods normands, s'y prêta de bonne grâce. Il s'en fallait de bien peu qu'il ne jouât au naturel ce rôle de de cadavre de poète. C'était comme une répétition de sa propre comédie que le malheureux essayait. Hélas ! il n'était pas éloigné, le jour de la fatale représentation ! Cressot mourut peu de temps après. On ne trouva guère autre chose dans son galetas que le tirage entier de l'unique édition d'un de ces petits volumes de vers par lesquels ces sortes de poètes semblent s'empresser d'acheter le droit de ne rien faire.

Mais revenons au tableau de Legrip. La composition en est sobre et claire. Sa sévère ordonnance de bas-relief atteste l'influence des leçons du statuaire David d'Angers, et le culte que notre peintre a voué à son illustre compatriote Nicolas Poussin.

C'est ce culte fervent, c'est cette admiration passionnée que l'artiste a voulu confesser dans une toile particulièrement consacrée à la gloire du grand peintre normand. L'épisode représenté par Frédéric Legrip se rapporte au séjour que Poussin fit à Paris de 1640 à 1641. Le Poussin avait quitté Rome sur les pressantes instances de M. de Chantelou, son protecteur et son ami ; mais, abreuvé de dégoûts et d'injustices, en butte aux intrigues de Vouet, de Feuquières, il songeait déjà à revoir l'Italie. Assis devant son chevalet, il tient son crayon et médite. Sur la toile se développe la belle composition du *Triomphe de la Vérité*, éclatante protestation par laquelle il confondit ses ennemis.

Les grandes âmes se devinent et se rapprochent. Lesueur est là, respectueux et dévoué, qui contemple avec admiration l'ardente esquisse du maître. Car Lesueur ne s'était pas associé aux basses intrigues ourdies par des rivaux. Le Poussin l'apprit, et telle aurait été, selon M. Vitet, l'origine de leurs relations.

Sans méconnaître l'autorité du savant écrivain, nous devons dire pourtant que la liaison des deux peintres n'est pas incontestablement établie. Mais, si le fait est discutable, il est au moins possible, et cela suffit pour justifier F. Legrip de s'être laissé séduire par une ingénieuse conjecture de M. Vitet. Toute l'intention du tableau n'est-elle pas précisément dans ce rapprochement des deux plus hautes personnifications de l'école française. Poussin, la pensée! Lesueur, le sentiment! La vérité historique est du reste poussée jusqu'au scrupule dans les détails et il n'est pas jusqu'au moindre accessoire qui ne témoigne d'une connaissance approfondie du sujet et n'ait, pour ainsi parler, une pieuse signification. Nous renverrons toutefois le lecteur à l'excellent travail qu'a publié M. T. Le Cerf, membre de la société des Beaux-Arts de Caen, à l'occasion de l'envoi, au musée de cette ville, du tableau de F. Legrip, acheté à la suite du salon de 1859, par l'administration des Beaux-Arts. C'est le cas de rappeler ici que *la Mort de Malfilâtre* avait été également acquise à l'exposition précédente, et donnée au musée de Rouen.

Ce fut une suprême joie pour le laborieux artiste, parti obscur quinze ans auparavent, de rentrer dans sa ville natale, accrédité par son talent, et d'avoir conquis sa place dans ce musée où, respectueux élève, il avait naguère senti les premiers tressaillements de la vocation! Le public rouennais fit bon accueil au tableau de son jeune compatriote, et F. Legrip fut bientôt assez heureux pour prouver à ses concitoyens que leurs sympathies ne s'étaient pas fourvoyées.

L'Académie des sciences, lettres et arts de Rouen ouvrit, en 1860, un concours où elle convia les peintres normands et dont le prix devait être décerné au meilleur tableau d'histoire locale. Legrip traita, pour cette circonstance, le supplice de Jeanne-Darc. Les qualités de cet ouvrage entraînèrent l'unanimité des suffrages. L'arrêt du public parisien ne tarda pas à confirmer le jugement de l'Académie de Rouen, car la Jeanne-Darc figura honorablement au salon de 1861, d'où elle vint prendre dans le musée de notre ville la place qu'elle y occupe aujourd'hui.

A partir de 1863, les expositions, de bisannuelles qu'elles étaient, deviennent annuelles; F. Legrip n'en est pas moins assidu à ces solennités plus fréquentes. Il figure au salon de 1863, avec un tableau de genre historique représentant Napoléon Ier accordant une pension à la veuve du général vendéen, comte de Bonchamps. Ce tableau appartient à l'Etat et se trouve déposé au musée de Versailles. En 1864, Legrip expose Philippe de Champaigne peignant sa fille malade à Port-Royal-des-Champs. L'artiste a mis fort ingénieusement à contribution pour cet ouvrage ce chef-d'œuvre si connu où Ph. de Champaigne nous montre

sa fille religieuse de Port-Royal, sous le nom de Cathe-
rine de Sainte-Suzanne. Malade et déjà abandonnée
des médecins, elle est assise sur un fauteuil de paille,
les jambes étendues sur un tabouret couvert d'un
coussin, et la mère Agnès Arnauld, à genoux auprès
d'elle, demande à Dieu sa guérison. Le musée du
Louvre offrait en outre à Legrip plus qu'un renseigne-
ment dans le beau portrait de Ph. de Champaigne peint
par lui-même. Disons pourtant que, malgré ces divers
emprunts, l'œuvre de Legrip n'est pas un froid pas-
tiche, car en s'inspirant du chef-d'œuvre du maître,
il s'est surtout pénétré de ce sentiment d'austérité
profonde et calme qui le caractérise. Ce tableau appartient au musée d'Alençon.

A dater de cette époque, il faut bien le dire, les
envois de Legrip attestent une certaine fatigue, et deviennent évidemment inférieurs à ses productions pré-
cédentes. Le système des salons annuels qui venait
de prévaloir, en forçant l'artiste d'être constamment
sur la brèche, n'est peut-être pas étranger à ce résul-
tat. Toujours est-il qu'au fur et à mesure que Legrip
avançait dans la carrière, la vie semblait se faire pour
lui de plus en plus douloureuse. Que de fois, le soir,
l'avons-nous vu brossant, à la lueur d'une lampe, des
bannières et des chemins de croix! Les luttes inces-

santes, les désenchantements continuels, sans abattre son courage, émoussaient néanmoins sa vigueur. Il était aussi de plus en plus circonscrit dans le choix de ses sujets. Car il fallait combiner des tableaux qui n'exigeassent ni déplacements coûteux, ni frais considérables de modèles et de costumes.

Cette dernière phase de la carrière de notre ami comprend : un Christ en croix (salon de 1865) ; saint Vincent-de-Paul à Tibouville, grande toile qui, des galeries de l'exposition de 1866, alla prendre place dans la chapelle de l'hospice de Bellême (Orne) ; saint Roch retiré dans un bois (salon de 1867), envoyé également à Bellême. En 1869, Legrip expose un portrait de sa fille, intéressante enfant qui faisait la joie de son foyer, et soutenait ses défaillances en donnant un but à sa vie.

Normand de cœur comme de naissance, F. Legrip a traité avec prédilection des sujets tirés de l'histoire de sa chère province. C'est aussi aux pays normands qu'il a demandé ses inspirations de paysagiste. Les rives de la Seine qu'il affectionnait lui ont fourni le thème de ses toiles les plus réussies. Ce sont : *le Bac* (salon de 1857), *la Ferme d'Haute-Ile* (salon de 1864), *l'Entrée du village de Chantemels* (salon de 1870), *une Vue prise à Bonnières* (salon de 1865), *une Vue prise à Touques* (salon de 1867). Ajoutons à cette série *une*

Vue de Bellême (salon de 1868), dont M. Ph. de Chennevières possède l'étude franche et vigoureuse; *une Vue de Trianon* (salon de 1859), envoyée au musée de Privas, et enfin *l'Eglise et le Cimetière d'Haute-Ile*, près la Roche-Guyon (salon de 1861), toile d'une solide exécution et d'un caractère original qui restera le meilleur peut-être de ses paysages.

Legrip a signé encore diverses productions qui méritent d'être citées. Ce sont : une Vierge protectrice des marins à la chapelle d'Etretat, le portrait de M. le chanoine de Saint-Denis, Ouin-Lacroix; le portrait du général duc de Padoue, mort en 1853, gouverneur de l'hôtel des Invalides; le portrait en pied, comme les précédents, de Philis de la Tour du Pin La Charce, héroïne du Dauphiné, qui vivait au XVIIᵉ siècle. Ces deux derniers figurent dans les galeries historiques du palais de Versailles. Fidèle collaborateur de M. Ph. de Chennevières, Legrip a associé sa pointe et son crayon à la plume savante de son ami. Ce n'est pas le moins estimable de ses titres que d'avoir attaché son nom à la urieuse publication : *Portraits inédits d'Artistes français*, où M. de Chennevières met dans ses travaux d'érudition le cachet de son esprit original, et sait prêter du charme aux recherches en apparence les plus ardues.

Sans prétendre formuler un jugement pour lequel

nous ne nous sentons pas le calme et le désintéresse-
ment nécessaires, il est permis de croire que les heu-
reuses qualités dont Frédéric Legrip était doué se fussent
plus complétement développées si les charges de la vie
qui pesèrent de bonne heure sur lui ne l'avaient poussé
trop tôt à produire un peu au détriment de ses études.
Quoi qu'il ait fait pour combler plus tard les lacunes de
sa première éducation artistique, et bien qu'il ait souvent
suppléé, à force de volonté, et quelquefois d'intuitions sou-
daines, à cette regrettable insuffisance, il a toujours con-
servé une certaine difficulté de travail que de plus solides
études eussent certainement vaincue. Heureusement,
sa distinction native, son goût délicat, le maintinrent
toujours dans les nobles voies de l'art. Son âme douce,
rêveuse et mélancolique se complaisait dans les sujets
élégiaques. Nature de dévoûment et de sacrifice, Legrip
s'intéressait aux touchantes victimes de l'histoire et
leur avait, en quelque sorte, consacré ses pinceaux. Il
demandait au travail toutes les joies austères de sa vie.
Les amis tenaient aussi une grande place dans son cœur.
Puis-je évoquer le souvenir de notre excellent camarade,
sans me le représenter entouré de ces amis qui restent
inséparables dans ma pensée, comme ils furent inséparables pendant sa vie! Il me semble les voir tous dans
le modeste atelier de la rue Visconti : ce sont les sta-

tuaires Allasseur, Cabet, Loison, Montagny, Soitoux, Aimé Millet, etc.; les peintres E. Hébert, Melin, Cabasson, Léon Loire, Hippolyte Noël, Paul Saint-Martin, Decaen, A. de Fontenay, A. Marc, le graveur Pèquègnot, M. Alfred Dieusy, son compatriote et son ami d'enfance; M. Court, le peintre populaire rouennais, qui fut un peu le maître et beaucoup l'ami de Legrip, MM. Cauvet, Lemoine, Chevreul, le chanoine Ouin-Lacroix et M. le m^{is} Philippe de Chennevières qui m'en voudrait de dire ici qu'il fut pour Legrip un protecteur, alors qu'il n'a jamais prétendu être que le plus dévoué de ses amis!

Rien ne l'attesterait plus éloquemment que cette énumération déjà longue sinon complète; Legrip apportait dans les relations de la vie intime la loyauté, la sincérité, je dirais presque le respect avec lesquels il traitait les choses de l'art. Autant l'homme privé a laissé de regrets, autant l'artiste mérite l'estime, car son talent, — fait d'honnêteté comme sa vie, — s'est toujours appuyé sur la dignité du caractère et l'élévation des sentiments!